발자국에 이는 바람

김해림 시사집

오늘의문학사

자연의 진정성, 그리고 건강한 서정

— 김해림 시사집 「발자국에 이는 바람」

리 헌 석
(시인, 문학평론가,
대전예술단체총연합회장)

1.

대전에서 태어나고 자란 김해림(본명 김기영) 시인의 본업은 20여 년간 공무원을 역임하고, 귀농하여 농사를 짓고 있는 사람이다. 그가 일찍이 추구하던 예술 장르는 사진이고, 한국사진작가협회 회원으로 활동하면서 새롭게 시(詩)로 등단하여 여섯 권의 시집을 발간한다.

그는 1999년에 첫 시집 『농투산이 단장』을 발간한 이후, 『땅심』 『김기영 시사집』 『김기영 제2시사집』 『김기영 제3시사집』을 발간하여 문학과 사진의 예술적 접합(接合)에 몰두하고 있다. 2007년에는 '김해림 제8시집' 『발자국에 이는 바람』을 발간하기에 이른다.

그는 대전에서 선조들이 가꾸던 충청북도 옥천의 전원으로 출근을 한다. 논농사와 포도농사를 짓던 그는 최근에 이르러, 옥천의 특산물인 묘목을 재배하고 있다.

대숲에서 속삭이던 댓잎들이
볼을 부비며
잡은 손 놓지 못하는 애교에
바람결도 조용하다.

당신이 살아오는 동안
아린 가슴 보듬던 손길
오색등으로 가꾼 길목

머언 산 바라보는 노송
고운 눈빛
부러운 듯 내려다보는 모습에
마음을 여민다.

그는 단형의 작품 「등 하나 달며」에 고향의 서정적 풍광, 조상들이 사시던 모습의 추억, 조상을 흠모하는 심경을 아로새긴다. 이 작품의 바탕에는 서경적 묘사가 중심을 이루고 있는데, 이는 사진작가의 특성이 투영(投影)된 것으로 보인다.

그의 심상에 〈댓잎들이/ 볼을 부비며/ 잡은 손을 놓지 못하는 애교〉가 수채화를 그린다. 그 대숲을 조금 내려오면 그의 선조들이 살아오는 동안 '아린 가슴 보듬던 손길'로 '오색등'처럼 아름답게 가꾸던 고향의 길목이 보인다. 그 곁으로 노송이 고운 눈빛으로 '머언 산'을 바라보고 서 있는데, 그 노송은 선조들의 이미지와 오버랩이 된다. 그리하여 노송을 바라보는 시인은 선조들 앞에 선 것처럼 '마음'을 여민다.

이처럼 자연에서 선조들의 영상을 되살려 내고, 그로 인해 자연물을 대하면서도 조상처럼 존경하는 자세를 견지할 정도로 순수한 시심의 소유자가 바로 김해림 시인이다.

2.

자연과 더불어 살아가는 사람은 순박하고 정직하다. 작물(作物)은 주인의 손길을 느끼며, 주인의 발걸음소리를 듣고 자란다고 한다. 이처럼 정직한 작물들과 함께 살면 농민도 작물의 부분으로 변하게 마련이다. 그 작물을 보면서 희노애락(喜怒哀樂)에 젖기도 하고, 삶의 진리를 찾아내기도 한다.

닮은꼴은 아닌데
꼴값대로 살아간다.

제 꽁무니가 턱에 닿으면

한 발자국
또 한 발자국
제 키만큼만 간다.

「자벌레」를 관찰하면서 그는 자신과 자벌레를 동일시한다. 서로 〈닮은꼴은 아닌데/ 꼴값대로〉 살아가는 자벌레와 자신은 특정한 면에서 삶의 양태가 동일하다는 깨달음에 이른다. 즉 '제 키만큼만' 가는 자벌레의 정직한 행위는 농사를 짓는 자신과 동질성을 지닌 것이다.

이 작품을 통해 확인되는 것처럼, 김해림 시인은 현대인의 허황된 심리상태를 벗어나 소박하고 순정한 심상을 보인다. 그래서 그의 작품에는 현실보다 더 과거에 집중하는 경향이 있어 보인다.

언제 적부터인지
지팡이 하나
뒷산

삼부능선에서 휘휘한다.

무엇을 보았을까?
무엇을 보았을까?

그는 작품 「하늘의 뜻」에서 ‘삼부능선’에 안장된 산소 속의 조상들을 ‘지팡이’에 비유하여 산 아래 세상을 바라본다. 이 작품에서 〈무엇을 보았을까?〉를 반복한 이유는 독자들에게 상상의 자유를 제공하는 의미와 함께 누구나 예상할 수 있는 현실에 대한 비판적 자세라 하겠다. 특히 선조들이 ‘휘휘’하는 것은 금기(禁忌)에 닿아 있기 때문이다.

자연을 바라보며 인간의 삶을 투영하는 작품은 여러 편에서 드러나는데, 「나뭇잎의 속내」 역시 그러하다. 〈그들이 보는 것은/ 인간의 마음/ 인간의 발걸음/ 무서운 숨소리이다.〉라고 단언에서 확인된다. 「마음은 물길 따라」에서 〈냇물 일렁일 때마다/ 이웃한 벚꽃은/ 속내를 보이며 웃음 흘린다.〉 또한 그러하다.

이처럼 자연과 합일(合一)된 삶을 영위하다 보니, 그는 〈고고한 자태/ 아랫 세상 내려다보는/ 청빈함〉(「천육백 고지 이웃들」 부분)을 지향하는 자세로 생활한다. 그리하여 〈동짓달 소복소복 쌓인 눈 속에서/ 그 이야기들은/ 오랜 전설〉(「전설」 부분)이 되게 만드는 언어의 마법을 보이기도 한다.

김해림 시인은 사진작가와 시인의 장점을 작품으로 승화시켜 쉽고 간결한 문체를 형성한다. 그 속에서 삶의 진정성과 건강함을 고루 갖춘 작품을 창작한다. 그래서 그가 쌓을 언어의 탑에 주목하게 되며, 예술성에 바탕한 아름다운 작품이 더 많이 탄생되리라 믿는다.

차 례

등 하나 달며

대숲에서 속삭이던 댓잎들이
볼을 부비며
잡은 손 놓지 못하는 애교에
바람결도 조용하다.

당신이 살아오는 동안
아린 가슴 보듬던 손길
오색등으로 가꾼 길목

머언 산 바라보는 노송
고운 눈빛
부러운 듯 내려다보는 모습에
마음을 여민다.

연못 이야기

말잠자리 몇 마리
작은 무리 속에 섞여
온종일 물 위를 노닌다.

가끔은 꽁지로 물장구쳐
보란 듯이 주위 눈길을 끌며
작은 파문을 만든다.

더러는 한 쌍 이루어
하늘에 솟구쳐
또 다른 세상을 그린다.

들녘에는

가끔은 후두둑이는
빗방울이 짠물을 녹여
마음은 달래기도 한다만,

진한 염분이 담긴
붉은 태양은
풀밭에서 얼굴을 드러낸다.

후끈거리는 지열에
잘 익혀진 얼굴은
광주리만큼이나 크다.

여름밤

요요한 달빛은
달맞이꽃을 잠재운다.

마음을 솟구치게 만들던 눈빛도
달빛 속에 갇혀
빠져 나올 수 없다.

바람 한 점 없는 것을
나뭇잎이 말해 주듯이
푸른 빛 적막은
건너 동네 인적 찾아
개 짖는 소리가 허공을 울린다.

살갑게 들릴 듯한
바람소리도
아주 멀리 간 듯이
마음은 심연으로 가라앉는다.

쉬엄 쉬엄

스르르 녹아내린다.
삶의 긴 여정
하루쯤
처마가 내려앉아 마당에 닿는
골목 더듬어 오른다.

다독이는 띄엄띄엄 목소리
귀가 쫑긋해야
눈빛을 살펴가며
천정을 휘둘러보기도
담장 따라 뒤안을 눈안에

영상 한 점 놓고
삼백예순 날 조석으로 머물던
안방을 그려내며
나를 찾으려 눈을 떼지 못한다.

갈래

물푸레나무 중에서도
어떤 것은
쇠 물푸레나무

우리들의 갈래는
누가
만들어 놓았을까.

많은 것들의 길목에서
붙여진 이름
여정의 끝은 어딜까.

메꽃

여린 눈을 뜨며
바람 따라 떠돌다
낙엽처럼 왔다.

지금도 변함 없는 골목
군데군데 상처 난 토담집
어린 시절로 돌아간다.

먼발치에서 보면
인기척 없는 마을은
적막으로 깊어만 가고

동네 강아지
못 본 듯 종종걸음인데
메꽃이 요요 노래한다.

엉겅퀴

훌쩍 큰 키에
수줍은 몸짓을 한다.

입가에 초승달처럼
벙그리는 모습

임이 오신다는
전갈이 왔나보다.

옆집의 능소화
아직 귀잠에 빠졌는데.

냉이 마음

낮은 둔덕이라 할지라도
내려다보면
모두 아랫것들로 보인다.

누가 더 크고 작은지도
알아낼 수 있고
바람에 흔들리는 얼굴

더워지는 날씨 속에
숨통이 메스꺼워지는 것
제일 먼저 가슴에 와 닿는다.

비 올 것 같은 예감도
얼굴을 스치는 훈훈함으로
펴는 기지개.

자벌레

닮은꼴은 아닌데
꼴값대로 살아간다.

제 꽁무니가 턱에 닿으면

한 발자국
또 한 발자국
제 키만큼만 간다.

진객(珍客)

흐드러지게 핀 참나리
장대비에도 꼿꼿이 서서
볼 부비며
먼 산을 바라본다.

무더위에 지쳐 있다는
눈빛도 없이
여름을 건너뛰려는 마음
하늘에서 내렸나보다.

하늘의 뜻

언제 적부터인지
지팡이 하나
뒷산
삼부능선에서 휘휘한다.

무엇을 보았을까?
무엇을 보았을까?

그렇군요

오늘을 살아가고 우리는
어선이 끌고 가는 저인망보다 더
촘촘한 그물로 만들어진
햇살 틈새를 빠져 나가는 일

쉽지 않다는 걸 절감하면서
눈만 뜨면
덕지덕지 붙은 몸둥이
누에섶에서 뒹굴 듯 한다.

넓은 세상에

상수리나무 힘찬 가지
넓은 잎사귀
그늘은
십 리를 만들고

여름 한 철 방문객
때까치 비둘기 꾀꼬리
높이 올라 앉아

세상을 조망하며
시차를 두고 나누는
알아들을 수 없는 소리들

귀 기울이며
발길 돌려 나무 곁으로 간다.

불길

가을 햇볕에 타들어가는
산 모랭이
누가 불을 질러
마음을 태우고 있나.

애꿎은 날씨에도
연기를 뿜는
불씨는
나를 애타게 하고 있지만,

태워지지 않는
인간의 쓰레기는
어떻게 태울 수 있을까?

저녁 노을에

바다 뻘에 쌓인 숨결들
숨가쁘게 달려온 흔적이
곱게 다듬어진 모습으로
우리들 앞에 섰다.

어디서부터 온 발걸음이었는지
알 수 없는 일이지만
맑은 미소가
범상치 않아 보인다.

몇 구비를 돌아 당도했는지
밤과 낮이 바뀌어도
세상 떠도는 이야기에
조심스레 귀를 기울인다.

잔칫상 앞에서

스란치마 앞세워 덩더쿵
숯불이 붉은 불티를 날리며
눈빛을 주고
고통스러운 뜻은
아랑곳하지 않는다.

젓가락에 얹힌 저들은
상기된 모습으로
세상 마지막 바람을 쏘이는데,
세상을 하직하는
얼굴들이 보이는데.

잊혀지는 풍경

산촌의 교교함을
더해 주는 것은
작은 논다랑이에 붙박힌
물 둠벙이 한 몫을 한다.

상시 물이 가득함은
달빛이 풍덩 빠져
부풀어 오름을 모르고
술래잡이는
물그림자에 비친 조각구름을
물어 뜯어내고

어디서 머물다 왔는지
가랑잎 한 떼,
개구리 울음을 멈춘다.

병아리

이른 새벽
새 생명의 풀잎에

이슬 한 방울
똑 따 먹는다.

할배 눈물일 것
같기도 한

또 다른 놈은
무언가를 찾는다.

햇살 퍼지는
마당 한 켠

보랏빛 꿈을 키워내며
삶을 쪼아댄다.

전설

동네마다
미담으로 마음을 달래던 풍습은
언제부터인지
스멀스멀 등 너머로 넘어가며
어스름에 묻힌다.

개명된 사회 탓인지
어두운 밤에도 꼬리 달린 귀신은
속내까지 들여다보이며
마을을 휘저어
입줄에 오르내린다.

흉물스런 모습으로
세상을 평정하려는 입술을 보면
두고두고 눈길을 돌린다.

동짓달 소복소복 쌓인 눈 속에서
그 이야기들은
오래 살아 전설이 된다.

내일을 위해서

씨앗이 다른 씨앗과
다툼이 있는 것은
더 나은 내일을 위해서다.

그것들이 사라진 뒤
다시 그들을 찾는 것은
너무 당연한 일이다.

그것을 놓치지 않으려고
지금까지 내려온 다툼은
언제까지나 이어지는 일이다.

꿈에서라도

가진 것이라고는
쥐꼬리만도 못한 것을
위안으로 삼아
나를 찾아 떠나는구려.

세속의 찌꺼기들을 버리고
작은 발걸음 앞세워 허둥댄 세월
어디 조금이라도
남아 있나, 기웃거리네.

매일 같은 햇살이라지만
조금씩 바뀌어 가는 텃밭 푸성귀,
비온 뒤 매끄러운 잎새에
마음을 둔다.

여정을 앞두고
흐르는 구름에 실린 마음도
찾아 보낸다.

천육백 고지 이웃들

뭣 때문에
이 험한 바위틈에
수평으로 나는 눈발 하며
구름 무리에 이기지 못하는 비,
상시 얼음 묻힌 땅에 사는가.

굳이 이곳에 사는 이유가
조상의 탓일까
할배 유산일까
언제쯤 들녘에서 살아볼까.

고고한 자태
아랫 세상 내려다보는
청빈함을 위안으로 삼을 듯한
단단함이 보인다.

인연의 아쉬움

어쩌면 그리도 고울까 싶다.

가지마다 하얀 새들이
햇빛에 눈부신 듯
포록 포르록 난다.
구름 속에 여린 빛
쑥스럽게 내미는 얼굴

한번 인연의 즐거움은
천 년 만 년 업이라는 뜻을
아는 듯 모르는 듯
소리 없이 앉아 있다가
훌쩍 떠나는
누구의 마음이었을까.

그래서 아름다운 설화가 된다.

마음은 물길 따라

냇물 일렁일 때마다
이웃한 벚꽃은
속내를 보이며 웃음 흘린다.

꽃 이파리는
언제부터인지, 두근거리는 가슴을 안고
내일을 기약한다.

봄 햇살 하루 해
지루한 줄 모르고
넉넉한 마음으로 산다.

삶의 흔적들

육신을 옮길 때마다
발자국에 담겨져 있는 영혼들은
살아 있는 오늘에
세상을 보며 흡족해 할는지.

곳곳마다
발자국에 고여 있는 물기
얼굴 비치는 거울
기우뚱거리는 몸뚱이가
닻을 내린다.

훗날을 이야기하는
깊은 강물 속에서 용트림하는 물줄기처럼
표현할 수 없는 마음이지만,
뒤돌아보는 눈빛이 더욱 밝다.

손바닥에 세상을

쨍그렁
소주잔에 부딪치는 소리
삼천리를 구석구석 더듬어 내고는
제 바닥에서 덩더쿵,
들은 이야기 쏟아내어 벌여 놓은
술상은 무겁기만 하다.

어제와 오늘이 다른 것은
햇살의 모양새일 것 같은데
철썩 같은 말들이
오늘도 질펀하다.

너의 얼굴이
엎질러진 술에 비친 눈망울
휘둥그레 보이는 것,
조금도 이상스러울 것 없는
또 다른 그림이 그려지는 것 같다.

명호
42 6067

당신 가는 길에

측은함이 무엇으로 다
벌거벗은 하얀 몸뚱이
그것이 너의 운명이냐

자신을 알고
나르는 것들을 피해 달아나려고
납작 엎드린 모습

머지않아 눈보라를 또
피할 수 없는 일 아닌가
길고 긴 삼동도 눈앞에

살아 있는 눈빛은
있는 듯 없는 듯 내쉬는 숨소리
가을 햇살에 콩깍지에서 튄 생명 하나

이 지경까지

귓불이 턱에 닿아
삭정이가 된 살아 있는 부처님
딸 앞에서
한없이 하늘을 올려다본다.

요사이 둥지 지키다
온데간데없이 사라졌다가 보이는
사람을 찾는다.

불쏘시개 같은 손
손을 만지는 그 마음도
하늘을 올려다보고 오는 길일까.

이심전심으로
세상은 한 솥 안에서
펄펄 끓는 인심이다.

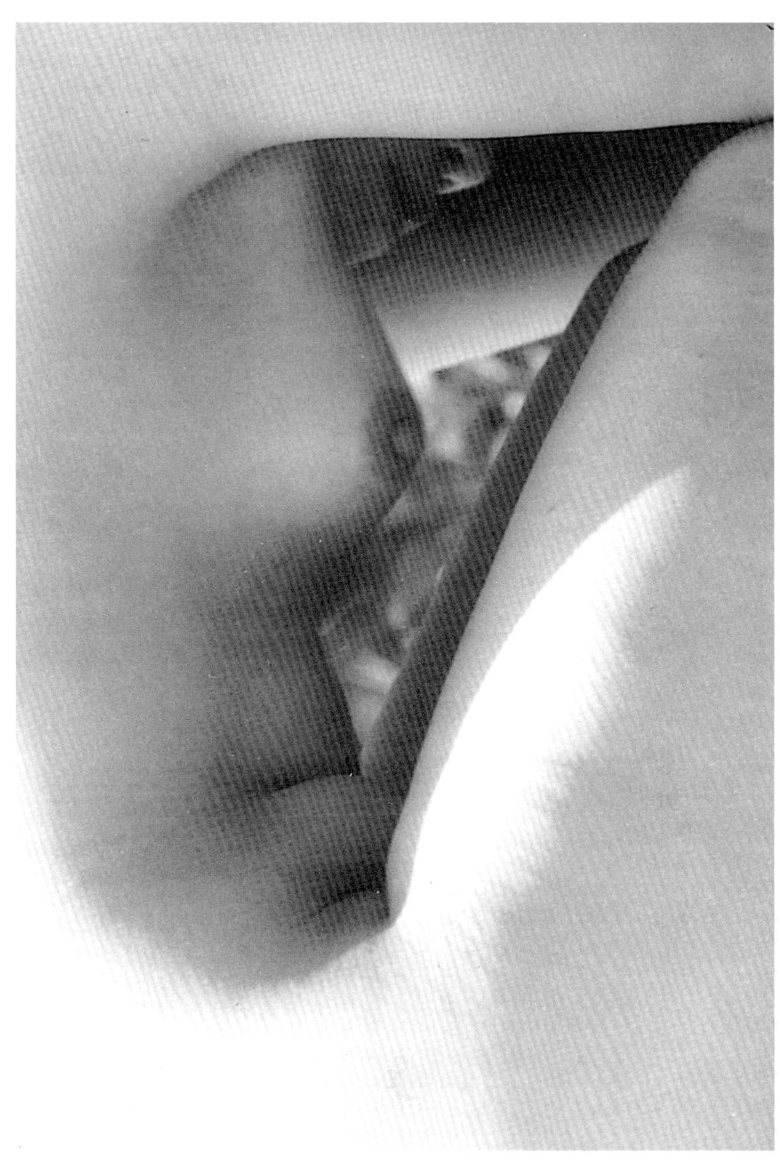

오늘날에

발걸음을 옮기는 노인
지팡이에 몸을 의지하고
오가는 이
눈에 밟히며 간다.

하늘과 땅 사이에
가끔은 귀잠에 빠져
비몽사몽 얼굴을 그린 게
어제 오늘이 아니다.

지나는 아이들 목소리가
유년의 세월을 감아올리지만
무거운 몸은
어느새 땅을 보고 걷는다.

OWN
HOUSE
GOLIRA MATE

할미꽃 전 상서

세월 속에
부침을 거듭하는 삶
그 세태 속에
질경이만 그렇더냐.

자주색에 다소곳이
머리 숙여
평생을 살아온 곳이
모래밭 언덕이더냐.

흐르는 구름 따라
사랑도 하였으련만
보릿고개 앞두고
뒷짐 지고 섰구나.

고사목

밤과 낮이 교차된다면
그것은 필시
밝음과 어둠일 테고.

무더위와
혹한이 겹쳐 바람을 받는다면
바쁜 몸짓이 분명하다.

번갈아가며
어둠과 혹한, 밝음과 무더위에
굼뜬 몸놀림

옷을 다 입지 못하고
또 다른 세상을 기웃거려
천년도 무상하다.

아픔을 알지 못하는
낮은 것들은
하늘만 올려다보며 산다.

순리(順理)

얇은 막을
한 낱씩 거두어낸다.
검은 막과 흰 막이
겹겹이 얹혀진 꺼풀.

눈이 온다고
무거워지는 것도 아니고
비 많이 내려
나타나는 것도 아니다.

간격을 두고
휘장을 열고 닫듯이
모지지 않는 곳에서도
생멸을 보며 무서워 떤다.

뒤에서 보는 일은

얼굴 보는 일은
즐거움 중에 즐거움이다.

아름다운 몸에 지닌 은빛 비늘
수천 년 조상의 뜻

오늘의 손끝에 매인
불운한 일진의 일생

목소리를 가라앉혀
처절하게 울부짖는 시냇물처럼

다시 태어난다는 것은
또 천 년을 기다려야
꿈속에서나 있을 듯하다.

손을 부비며

멀리서 보면
허허로운 들녘

눈 귀 없는 허수아비
어쩌다 하나 보인다.

반쯤은 흙에 닿아
하늘을 올려다보고

세상사 뜬 구름이
속을 태운다.

어느 때는 빈껍데기로
바람이 몰고 가고

또 다른 바람을 등지고
먼 산만 바라본다.

닮은 꼴

생각은 자유라고 말하지 않던가.

몇 겹으로 높아진 돌계단에 들어서면
문 밖을 바라보는 견공
드나드는 모든 것에
관여를 한다.

꼬리와 목소리를 번갈아가며
속내를 표명하는 그의 몸짓은
위선을 안고 살아가는
주인을 위한 눈빛이다.

그 뜻이 옳다는 듯
한 뼘의 양보 없이 짖어대며
충성을 다짐하는 꼬리 내림
이 시대와 어떤 연관이 있을까.

경연대회

우리 노랫가락이 들린다.
꾀꼬리 소리가 들녘에서
한 판, 관객을 모은다.

잡새들은 머언 발치에서
숨을 죽이고
가끔 나래 짓에
응석을 부리지만

육자배기는 왼 종일이다.

가을을 바라보며

미풍에 흔들리면서도
나뭇잎들은
돌아가야 한다는
명분을 알고 있는 듯하다.

비가 오고
안개가 끼고
서늘해지는 눈빛

그들을 바라보면서
거울을 들여다보고
자기 빛깔을 알아내며

아무렴
해도 너무 차가운 하늘 아래
뒤 따라 간다.

나뭇잎의 속내

가벼운 마음을
스산한 가을바람이
묶어 놓으려 하지만

보고 있는
나무 잎새가 웃는다.

그들이 보는 것은
인간의 마음
인간의 발걸음
무서운 숨소리이다.

변화

닷새 장날
늦은 해 무렵에는
거나해진 몸뚱이가 된다.
훠어이 두루마기 자락이
동구 밖
밭머리 수수대궁 푸른 팔 내저어
취객을 내려다보는데,
어두움에는
모두 같은 꼴 한판이다.
아침나절 떠난 발길
세상 이야기 짊어지고
돌아오는 길,
주인은 흔적이 없다.

사랑은 가까이에

에구, 이것아, 이것아
허구헌 날
아직도 한밤중이냐.
네 애비 닮은 것은 아닌데.

높은 곳으로만 오르는
부산한 발자국
어둠이 오기 전 가로등은
사람들 눈빛을 읽어낸다.

동녘 붉은 빛 무렵부터
앞치마자락에
동동거리는 발걸음
광주리 하나가 힘겹다.

온 세상이 뽀얀 세월이라
옷소매로 눈을 비벼
새 세상을 바라본다.

창 밖을 보며

뼛골을 두고두고 우려내는
자신의 입술은 늘 얄팍하니
검붉은 빛을 띤다.

밤과 낮에 따라
빛깔이 다른 것은
소소리바람 때문이라고 말하지만

실낱같은 그림자에
구별할 수 없는 연분홍 루즈 속에
또 다른 심성이 자리하고 있다.

세상을 바라보는 눈빛이
입술과 어떤 연관이 있는지
알 수 없는 일이다.

오월의 햇살

햇볕이 창가에 서서
마냥 재롱을 부린다.

안을 들여다보고
새로 들여온 서너 개의 모자와
원피스를 보고
어리광으로 눈빛을 흘긴다.

언제쯤 저잣거리로 나온다는
귀띔도 없이
장롱 옆에 서서
졸고 있는 나들이 복

연두 빛 인연이 되어
또 다른 환희를 기다리는데
공연히 마음만 바쁘다.

삶

스카렛 립스틱 환상에
깊숙이 들어간 나는
너무 넓은 사랑스런 눈빛과
숨결들 속에서
출구를 찾지 못해
마냥 몸부림이다.

달구어진 7월의 햇살에
풀잎처럼 누워
서산에 걸린 해를 보고
찬 이슬에 생기 돌아
후들거리는 다리 감싸 안으며
찬물 한 그릇 마신다.

뜬금없는 마음으로 하늘을 보며
초롱초롱한 별들이
다리를 놓아
오늘의 운세를 점치지만
미래는 자신의 마음에 달려 있다.

오월은

아카시아 잎
한 줄기 훑어
잘근 씹으면
스며드는 풋풋한 냄새.

가슴 깊이
구곡을 다듬어
채우는 향기.

가을까지 가려나
밤마다 피어오르는
은하수를 건넌다.

오래된 향기

지난 밤 훈훈한 바람이 꽃봉오리에게 간지럼을 넣었나보다. 환하게 웃는 얼굴이다.

반가움에 몇 발자국 다가와 빤한 눈동자를 본다. 얼마나 두근거렸는지 눈을 돌리고 다른 약속을 한다.

그들의 몸짓을 보고 나를 찾아 나선다. 누구와 약속을 만들까, 마음으로 나를 둘러본다.

삼월의 하오

순정을 여는 햇살이 대지를 달구어 내려고 몸부림이다.

환히 들여다보이는 너의 몸뚱이가 뽀얗게 분칠을 한 모습이 세상의 모든 것들을 올려다본다.

아스라이 보이던 높은 산, 응달의 하얀 눈빛도, 아쉬움마저도 꿈결인 것을.

무색무취한 너의 빛깔에 취한 나는 마냥 뒹굴며, 감추어진 가슴에 두방망이질에 울음 운다.

뒷산

양지 바른 곳에 사는
그는
세상 물정을 모두 알고 있는지
무시로 부는 바람하고 논다.

겨울은 겨울대로
과거를 추적해 오르는 사다리처럼
본래의 얼굴을 그려가며
또 다른 상념에 젖는다.

하지만
바람만이 아는
아픈 속내는 알 수가 없다.

하오의 기억

가벼운 엿판이다.
소모품 몇 낱
짤깍 짤깍
하지 지난 땡볕

아무리 목청이 좋다고 하지만
고무신 유기그릇 깨진 것
마늘 타래
웃옷 벗은 어깨
바짝 마른 빗장뼈는
통나무가 된다.

하늘에는
하얀 햇무리
흙투성이 맨발
눈동자는 화살처럼 빠르다.

그 아이는 지금도 화석으로 남아
햇살 맑은 느티나무로 서 있다.

볏섬을 바라보며

허수아비 풀어 헤어진 몸뚱이, 반쯤 누워 물바다가 되어가는 들녘을 바라보며 오늘은 애석하다.

서리 내린 뒤 온갖 것들이 숨을 멈춘 잡풀 사이에 마음을 찾아 포대에 담아내는 주인.

일 년 내내 들녘을 돌봐주어도, 아랑곳하지 않고 그의 앞에 휘휘 허접 쓰레기만 버리는 오늘.

그의 풀어진 눈빛을 힐끗, 또 다른 허접 쓰레기 마음도 털어내며 동동 걸음이 내년을 약속한다.

행방

하루 종일 방황하는 갈기 구름들이 들녘을 내려다보고, 이리저리 눈치를 살핀다.

넓게만 보이던 흙담 고샅, 사이사이 비추어 보는 햇살에 좁아 보이는 골목

쟁쟁거리는 아이들 목소리가 사랑방 외벽에 각인되어 얼굴도 빛나고 떠난 그 자리에는 남아 있는 것이라면, 높게 올라 앉아 있는 까치둥지 뿐.

풋풋한 바람이 새 얼굴을 쓰다듬어내지만, 밋밋한 눈빛은 갈기 구름이다.

순환

내내 잠들지 못하는 도시는 게슴츠레한 눈빛을 허공에 날린다.

귓속말을 하는 바짝 마른 가로등은 껌벅거리는 입속에 뜻 골목에 휘갈겨 사람들의 눈총을 받기도 한다.

건물을 안고 도는 모퉁이 바람에 가로수들이 마지막까지도 진저리치는 모습으로 남아 있는데,

동지가 훨씬 지나고 있다.

최후

힘깨나 쓰던 생활 도구, 고무래 뒷머리 무딘 세월에 부딪친 모습이 패어 몰골이 사납다.

그마저도 헛간 한 옆에서 숨을 헐떡거리며, 가끔 지나는 사람들의 발자국소리만 귀담아 들을 뿐,

땟국이 꼬질꼬질한 얼굴을 어디론가 보낸다는 손짓도 없이 영감이 지날 때마다 눈을 흘긴다.

비오는 날의 퓨전

부추와 매콤한 고추, 가끔 애호박도 섞인 빈대떡, 젓가락으로 휘저을 때마다 한 고비, 또 한 고비 넘기며 이야기는 시간을 되돌려 놓는다.

삼대를 거슬러 오르는 귀동냥 삶의 궤적을 촘촘히 엮어 내놓으며, 몸짓과 성깔까지도 기워, 쟁반 위에 올려놓고 그리운 얼굴을 소주 잔에 그린다.

가족사 흥망성쇠를 인심 덕으로 돌려 나라의 동량으로, 또 다른 헛간은 산세 따라 헛바람이라고 쇠 자리를 놓는다.

입줄에 오르내리며, 저울질 끝에 매달려 사는 우리들은 목젓이 내려앉는 이야기가 나올 쯤이면 자리에서 일어난다. 아직 비는 그치지 않았다.

시린 손을 불며

살아 있는 회상이다.

썰매 타는 논두렁에서 가슴을 우려내는 뜨거운 콧김은 눈망울을 튀어나오게 한다.

홧홧한 마음을 다스리는 철부지, 발길은 무거워 조선낫 잡은 손, 지게 작대기처럼 빳빳해짐도, 도부 나간 발걸음 천근만근 소낙비 심술에 초가지붕도 혼비백산을 하고, 안방은 멱을 감는다.

사립문 내려다보는 나팔꽃은 높이 올라 젖은 눈빛으로 머리 숙여, 어스름이 오는 것을 미리 알고 장독의 정화수에 눈맞춤을 한다.

봄맞이 준비하며

자맥질하는 생각은 파도처럼 일렁이면서 높은 산을 넘는 일은 더욱 깊은 골이 된다.

가끔 창문이 흔들릴 때 침잠하고 있던 것들이 수면 위로 떠올라 손바닥에 올려놓기도 심해, 탄광의 울림소리에 귀가 먼다.

작은 삼촌은 한 잔 술에도 관동대지진에 질펀한 골목을 그려놓고 내 얼굴에 검댕이 칠을 하고는 그 눈빛은 영락없는 호랑이 눈이다.

가야 한다. 돌아가야 한다. 망자들이 울부짖는 곳으로, 또 한 잔에 목을 매는 소리는 고개 하나를 넘는구나.

나는 침을 삼킨다. 어느 만큼의 성상인가. 아직도 달빛은 보름자락인데, 어머님의 초사흘 떡을 그리며, 이렇게 밤을 보낸다.

초심

하늘을 올려다보는 발원지
몇 날 떨어진 빗방울
세월을 짊어지고
점점 시끄러워지는 여정에 오른다.

산자락을 휘감아 돌아
바람에 흔들리는 나뭇잎을
눈여겨보는 듯 마는 듯
볼 것 못 볼 것 눈길 속에 머물며
앞길을 생각한다.

밤과 낮이 교차할 때마다
또 다른 동행자를 만나도
눈빛만 있을 뿐 말이 없다.

바다의 마음

일렁이는 물보라
언제부터인지
그칠 줄 모르고 반짝인다.

해 그림자 등지고
통통선을 수평선에 올리는 것도
우리의 인연일까.

누군가
반가운 손님이 오는 듯
우리는 해넘이를 모른다.

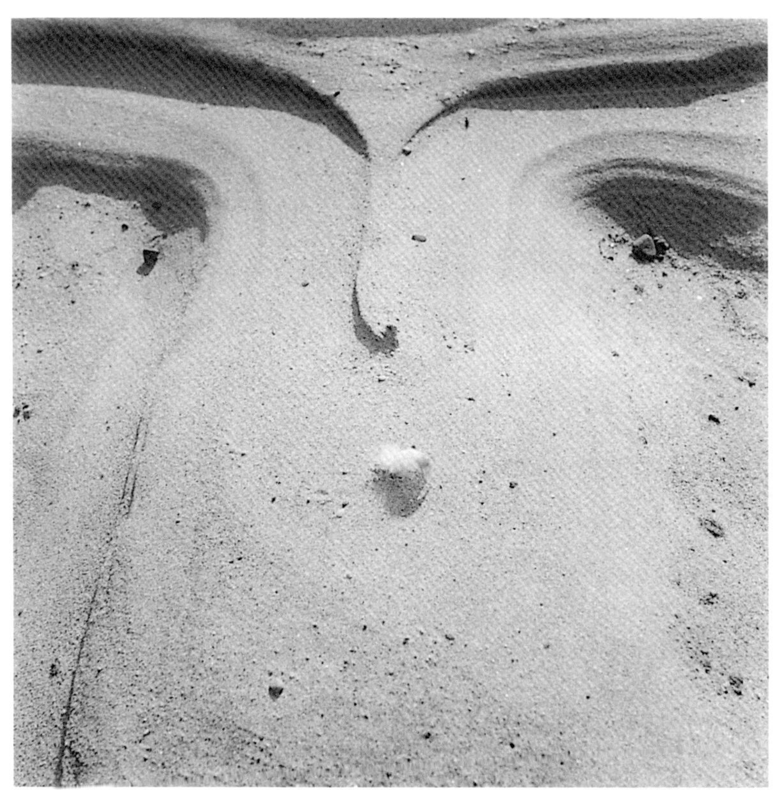

후기

'요즈음 구름하고 놀아 모든 게 허상이었어.' 자리에 누워 생시인데 잠꼬대처럼, 지나는 길에 돌아가서 〈시도〉 사무실 앞을 오래도록 서성였다. 어느때는 계단을 타고 오르기도 허망했다. 이 일을 어쩌나 턱을 괴고 방황했다. 끝이 보이지 않는 것 같았다.

그의 지론은 사치는 마음을 병들게 하고 몸까지도 피곤하게 하는 것을 염려하셨다. 내 자신이 그것을 너무 일찍 알아버린 탓일까 걸어가며 어쩌다 높은 곳을 보면 바람은 불지 않는 것 같은데 잎새가 흔들리는 것을 보기도 한다.

순간 무엇 때문일까. 아직도 무수한 의문들을 해소하지 못하고 처염상정(處染常靜)이란 생각을 앞세운다. 일상의 마음을 내자 소귀예 푸념이다.

그는 말이 없다. 오히려 멋적어 지는 것은 숨길 수 없는 마음이다. 내게 주어진 좋은 날들을 어떻게 할까를 골똘히 다잡아보면 주위 좋은 이웃들에게 빚으로 남아 마음이 무거워짐을 아이들에게 전가시키기도 한다.

이참에 새로운 각오로 마음을 추스리며 고인이 되신 지광 현님 영전에 머리숙임도 잊지 않는다.

2007년 12월에 김해림.

그해 오월

김해림

그리움이 얼마나 깊은지 바다가 된다
사랑하는 사람들 멀리 보낼 수 없어
오늘 너의 얼굴 그려내며
뛰는 가슴 눌러 놓기도

가장자리 지키던 당신들
이제는 별들이 사는 곳으로 밀려나
있는 듯 하지만
우리 모두 그곳에 살기로 작정하고

한 발 한 발자국씩 옮길 때마다
숨소리도 커지고
종아리 힘줄이 또렷이
까망 눈으로 다리를 놓아 보다.

청솔 書

저자의 작품을 청솔 최관수 님이 쓰다

김해림 시사집
발자국에 이는 바람

발행일 / 2007년 12월 28일
지은이 / 김해림
발행인 / 李憲錫
발행처 / 오늘의문학사
대전광역시 동구 삼성1동 125-6 한밭오피스텔 401호
Tel(042)624-2980 Fax(042)628-2983
http://www.lito77.co.kr
E-mail : hs2980@hanmail.net
등록 / 제55호(1993년 6월 23일)
ISBN 978-89-5669-259-3
값 8,000원